42

L b §11.

RÉPONSE

à l'écrit distribué au Corps législatif, le 28 Pluviôse en XI, ayant pour titre : Observations pour les Créanciers bailleurs de fonds d'avance des ci-devant Fermiers-Généraux.

QUELQUES prêteurs de fonds d'avance de Fermiers-Généraux demandent qu'il soit dérogé en leur faveur aux lois :

Du premier août 1791, de l'Assemblée constituante;

Des 15, 16, 17 et 24 août 1793;

Des 9 brumaire et 7 pluviôse de l'an II;

Du 26 frimaire de l'an III, de la Convention nationale;

Et du 24 frimaire de l'an VI, du Corps législatif.

Ces lois, en réglant la fortune publique et le sort des créanciers directs de la nation, ont, par une suite nécessaire, réglé celui des prêteurs de fonds, ayant *hypothèque spéciale ou privilégiée sur ces mêmes fonds.*

Aucune de ces lois n'est personnelle aux Fermiers-Généraux.

La première leur est commune avec les Régisseurs des Aides et les Administrateurs des Domaines, et successivement avec les Payeurs des Rentes et toutes les anciennes corporations de finance, à mesure de leur suppression.

Les autres ont étendu les mêmes dispositions à tous les offices de judicature, de commerce, de finance, d'arts et métiers, qui avaient des finances ou des cautionnemens au trésor public.

Ainsi, ce ne sont point les Fermiers-Généraux qui

A

ont obtenu une *exception*, un *privilége* ; ils ont au contraire été soumis aux lois générales rendues sur cette matière , et confirmées sous toutes les législatures.

Ces lois n'éprouvèrent aucune contradiction ; elles ont été exécutées par la presque universalité des intéressés.

Lors de la première discussion sur les transactions, au mois de germinal an V , on avait inséré dans le projet de résolution un article dérogatoire ; mais le conseil des Cinq-cents se hâta de le rejeter, et cette attaque ne fit que confirmer la législation.

Enfin, elle vient encore d'être consacrée solemnellement par la loi rendue sur le mode de remboursement de la dette publique, le 24 frimaire de l'an VI (1).

La raison , l'équité , la justice , d'accord avec la politique, déterminèrent toujours nos Législateurs sur cet objet, et produisirent cette uniformité constante d'opinion , qu'il ne devrait pas être permis d'attaquer.

L'auteur de l'écrit le reconnaît lui-même ; et n'osant proposer de détruire cette législation, il veut la rendre vaine pour *trente familles de Fermiers-Généraux* , et ne craint pas de solliciter du Corps législatif une si étrange exception.

Une analyse succinte des motifs sur lesquels il a

______

(1) Tit. XIII, art. 83 : « Les propriétaires d'inscriptions, qui
» sont autorisés , par les précédentes lois , à se libérer en inscriptions
» de la dette publique, soit vis-à-vis de la nation, soit vis-à-vis de
» leurs créanciers personnels, *ayant hypothèque spéciale ou privi-*
» *légiée* sur l'objet original de leurs inscriptions, pourront donner
» en payement, soit leur inscription actuelle, soit un tiers en ins-
» cription conservée, et deux tiers en bons de remboursement. »

fondé son système en démontrera, jusqu'à l'évidence, l'extrême injustice.

On pourrait d'abord se dispenser de répondre à de trop odieuses déclamations sur la fortune des Fermiers-Généraux ; il est inutile sans doute d'affliger encore les Représentans du Peuple par le souvenir de l'épouvantable catastrophe qui immola à-la-fois trente-quatre pères de famille irréprochables, et par le tableau des malheurs de leurs enfans. Le petit nombre sur-tout des familles contre qui l'on demande une loi particulière, ont perdu *corps et biens* dans ces momens si déplorables pour elles ; et comme celles qui avaient le moins souffert ont depuis long-tems terminé leurs remboursemens, il est vrai de dire que c'est sur *huit* ou *dix* des plus malheureuses qu'on voudrait faire peser aujourd'hui une dérogation aux lois constamment observées jusqu'à présent.

Abandonnons donc ces reproches de fortune, de richesses, d'avantages acquis par les Fermiers-Généraux avec l'argent des bailleurs de fonds, reproches qui seraient d'ailleurs applicables à toutes les places exigeant finance ou cautionnement : c'est dans la nature des conventions, dans l'espèce des contrats que le Législateur a puisé ses motifs, et l'on a fait de vains efforts pour les combattre.

La nature des prêts pour cautionnement est assez connue.

1°. Le bailleur de fonds prêtait bien plus à l'Etat qu'au particulier : chaque jour on plaçait ainsi des sommes considérables, pour servir à des titulaires inconnus, sans fortune, et auxquels on n'eût jamais prêté sur leur crédit personnel.

2°. On ne livrait des fonds qu'à condition qu'ils seraient versés au trésor public, dont le prêteur se fesait remettre, céder et transporter les *récépissés.*

3°. On formait, sur la caisse même où les fonds étaient versés, des oppositions qui ne permettaient point au titulaire de disposer, et qui en assuraient le payement aux seuls porteurs des récépissés.

4°. A ces sûretés se trouvait joint l'avantage du placement; et c'est très-mal-à-propos qu'on a voulu confondre dans l'écrit les prêts pour fonds d'avance avec les versemens dans les emprunts publics : ceux-ci n'étaient jamais remboursés; ceux-là, au contraire, l'étaient à chaque mutation, qui, pour certaines places, arrivaient a des époques fixes; les uns pouvaient éprouver les chances du crédit public, et les autres présentaient la solidité que l'opinion attribuait aux places elles mêmes : aussi, la solidité, le taux de l'intérêt, la certitude du remboursement avaient-elles fait rechercher ces placemens de fonds, dont les récépissés étaient négociables.

Le prêteur était lui-même nanti du titre sur l'Etat; il en jouissait seul; lui seul pouvait en disposer à son gré; il en était le véritable propriétaire.

Telles étaient les bases uniformes de ces contrats, et l'on sent qu'elles n'étaient point altérées par le style dans lequel ils pouvaient être conçus, et qui dépendait uniquement de la volonté du Notaire.

Ainsi, il est ridicule d'argumenter de la contexture d'un seul de ces actes, dont aucuns ne se ressemblent parfaitement; on ne pourrait d'ailleurs tirer aucune conséquence, même de celui que l'on a choisi pour modèle.

Suivons-en les dispositions.

1°. Celle par laquelle le titulaire *renonçait à rembourser avec un papier-monnaie.*

On sait assez que ce n'était là qu'une clause de

style. Mais veut-on lui accorder plus d'importance? loin de donner atteinte au principe de la propriété dans les mains du prêteur, elle en est au contraire une nouvelle preuve. Celui-ci ne voulait pas en effet qu'on pût, en lui donnant des papiers, reprendre le récépissé qui était son titre; il voulait pouvoir garder sa créance sur l'Etat, et c'est ce qu'ont fait plusieurs bailleurs de fonds qui, à une certaine époque, refusèrent des assignats, sur le fondement qu'ils étaient propriétaires.

2°. *L'affectation et l'hypothèque générale sur tous les biens meubles et immeubles* ne change pas davantage la nature de ce contrat. Les fonds d'avance étaient un cautionnement envers l'Etat pour la comptabilité du titulaire. Si elle présentait un *reliquat* quelconque, il devait être pris sur ces fonds; c'était le seul risque que courait le prêteur. Il était donc bien simple que, prévoyant ce cas, il voulût recouvrer sur les biens du titulaire la portion qui se trouverait défaillir; celui-ci devait garantir le propriétaire de ces fonds de la part qui serait consommée par sa comptabilité (1).

Quelle autre garantie prétendrait-on exercer aujourd'hui? l'Etat ne paye-t-il pas? ne rembourse-t-il pas l'objet même dont le prêteur a fait les fonds? Ne se libère-t-il pas entièrement? Et l'auteur de l'écrit au-

_____

(1) Aussi lit-on, dans la loi du 26 frimaire an 3, sur les Payeurs des rentes:

Art. 6. « Jusqu'après la main-levée de l'opposition de la nation,
» les créanciers (ceux avec hypothèque spéciale, que les Payeurs
» auront remboursé au moyen d'un transfert) grevés de ladite oppo-
» sition, seront réservés dans tous leurs droits contre lesdits Payeurs;
» ils pourront faire tous les actes conservatoires sur tous leurs biens
» fonds et capitaux. »

rait-il poussé l'aveuglement jusqu'à vouloir attaquer cette libération, jusqu'à tenter de la faire déclarer insuffisante, pour en rendre quelques citoyens responsables ?

3° A l'acte cité, on pourrait opposer la comparaison d'un grand nombre d'autres.

En voici un, par exemple.

« ...., Fermier Général, lequel a, par ces
» présentes, cédé et transporté avec toute garantie,
» même des faits de l'administration, et s'est obligé
» de fournir et faire valoir, sous *l'obligation et l'hy-*
» *pothèque de tous ses biens*, à N.....

» La somme de........ à prendre dans les quinze
» cent soixante mille francs de fonds d'avance fournis
» par ledit Fermier-Général, pour raison duquel fonds
» l'Etat a accordé aux Fermiers - Généraux *l'intérêt*
» *annuel à cinq pour cent sans retenue*, et payable
» de mois en mois.

» Pour demeurer par ledit N......, en vertu des
» présentes, *propriétaire* des fonds d'avance dudit
» Fermier-Général, jusqu'à concurrence desdites.....
» *ainsi que des intérêts à cinq pour cent qui y sont*
» *attribués*, à compter du..... *tels qu'ils appartiennent*
» *audit Fermier-Général ; en conséquence, toucher*
» *sur ses quittances ladite somme.*

» *Ou faire et disposer du tout, comme lui appar-*
» *tenant au moyen des présentes, à l'effet de quoi*
» *ledit....., Fermier - Général, met et subroge ledit*
» *N...... en ses droits à cet égard.*

» Ledit......, Fermier-Général, promet de rapporter
» un récépissé de ladite somme de......., à-compte
» de ses fonds d'avance, qui sera remis audit N......,
» pour n'être par lui rendu que lors du payement. »

Dans l'acte postérieur, celui de la remise du récépissé, on lit :

« Ledit récépissé à prendre sur lesdits fonds d'avance
» pour, par ledit N....,. , *toucher et recevoir cette*
» *somme ou en disposer, comme il avisera.* »

Et enfin dans l'acte de signification aux Fermes :

« Lequel fait inhibitions de payer ladite somme à
» qui que ce soit, *qu'à lui, à qui ladite somme*
» *appartient* (1). »

Rien n'est plus formel sans doute que ces dispositions : pour demeurer *propriétaire* des fonds d'avance,
tant pour le capital que pour l'*intégrité* des intérêts.

Cet acte fait naître des réflexions importantes.

D'abord, on y trouve *l'affectation et l'hypothèque*
générale de tous les biens, ce qui prouve qu'on ne
l'a jamais jugée incompatible avec la *propriété du gage*
restante aux bailleurs de fonds.

En second lieu, on y voit que le titulaire cède
l'intérêt entier que payait l'Etat. Cependant l'auteur
de l'écrit avait prétendu que les Fermiers-Généraux
recevaient *dix pour cent* et n'en donnaient que *cinq*
à leurs préteurs ; allégation absolument contraire à
la vérité, et formellement démentie par le régle-
ment de finance, fait en 1780.

Enfin, peu importait que le récépissé fût donné
par l'Etat au nom du titulaire, puisque celui-ci le
remettait sur-le-champ au préteur, qui en avait seul
l'absolue disposition.

Pour l'ordre de la comptabilité, l'Etat ne con-
naissait sans doute que le titulaire ; mais cet ordre
ne portait point atteinte à la propriété du préteur,
dont nous avons déjà vu que l'intégrité lui était garantie par une clause expresse.

Il est donc évident que, quel que soit le style

---

(1) Ces actes ont été remis à la commission nommée le 13 frimaire.

de ces actes, la volonté des contractans fut toujours la même; il eût été impossible de faire des lois sur chaque clause particulière : ce sont les caractères généraux que le Législateur a dû saisir; et lorsqu'il a trouvé dans ces actes un prêt pour fonds d'avance, avec *l'hypothèque spéciale ou privilégiée* sur ces mêmes fonds, il n'a pu douter ni de la nature du contrat, ni de l'intention des contractans; et ce caractère distinctif a dû suffire pour fixer son opinion.

Aussi, la première loi sur cette matière, le décret du premier août 1791 , ordonna-t-il le rembourse-ment, *nonobstant toute stipulation particulière* (1).

Vainement l'auteur de l'écrit a-t-il tenté d'attaquer ces lois ou d'échapper à leurs dispositions; il a prétendu *qu'elles ne pouvaient subsister avec la Constitution de l'an III; qu'elles tendaient à changer la nature des contrats, à abolir ou réduire la dette publique.*

On a peine à concevoir de pareilles objections.

N'est-il pas évident, au contraire, que c'est le système soutenu dans l'écrit qui réunit tous ces caractères et aurait toutes ces conséquences, puisqu'il tend à faire refuser comme non-valable une portion de la dette publique, par ceux à qui elle appartient réellement ?

---

(1) Loi du 1er. août 1791, tit: II, art. 7 : « Les Prêteurs et Bail-
» leurs de fonds des Régisseurs et Administrateurs, seront tenus,
» nonobstant toute stipulation particulière, de recevoir leur rem-
» boursement de la même manière et aux mêmes époques que les
» Régisseurs et Administrateurs, à la charge par ceux-ci, de les
» avertir ou de les sommer de le faire.

» En conséquence, lesdits prêteurs et bailleurs de fonds seront
» tenus de rapporter tout recépissé de caisse, obligation, main-levée
» d'opposition, et autres pièces nécessaires, ensemble les billets
» d'intérêt, etc. . . . . . »

(9)

Cette vérité a été pleinement sentie par le Corps législatif, lorsqu'il a rendu la loi du 24 frimaire dernier, loi que l'on s'est gardé de rappeler.

On a prétendu que celle de 1791 *avait prescrit un délai pour le remboursement ; délai que les Fermiers-Généraux avaient laissé expirer.*

Il est vrai que, suivant cette première loi, le remboursement devait être effectué en cinq mois, à raison d'un cinquième par mois ; mais ces dispositions furent changées, et le remboursement n'eut plus lieu que par seizièmes. Les neuf premiers seizièmes ont en effet été remboursés et distribués aux bailleurs de fonds qui se sont présentés, et qui ont déposé leurs récépissés.

Ce n'est pas la faute des malheureux Fermiers-Généraux, ni de leurs familles, si le remboursement des sept autres seizièmes a été arrêté par une loi générale ; et ce qui le prouve évidemment, c'est la disposition de l'article VIII du décret du premier août 1791 ; elle porte : « Que faute par lesdits Régisseurs » et Administrateurs, leurs prêteurs et bailleurs de » fonds, de satisfaire aux conditions respectives ci-» dessus prescrites, leurs fonds resteront à la caisse » de l'extraordinaire, *à titre de dépôt et sans inté-* » *rêts.* »

Ces dernières expressions ont été supprimées dans l'écrit, parce qu'en effet le restant des fonds d'avance n'est point demeuré dans la caisse de l'extraordinaire, *à titre de dépôt et sans intérêt,* mais au contraire a été porté sur le grand livre comme dette de l'Etat, et produisant intérêts : preuve sans réplique que les formes voulues par la loi de 1791 ont été remplies.

Il est d'ailleurs évident que les conditions et la peine portées par cette loi, étaient plus encore imposées aux bailleurs de fonds; c'était précisément un moyen de les forcer à recevoir le remboursement des sommes mises en recouvrement, et sur leur refus la nation se libérait envers eux par un dépôt dans la caisse de l'extraordinaire.

Mais ce cas n'est point arrivé; toutes les sommes mises en payement ont été reçues.

Celles qui restent dues ont été liquidées sur les récépissés fournis par les bailleurs de fonds eux-mêmes; elles l'ont été à la charge de leur privilége, et véritablement pour leur propre compte; enfin il dépendait d'eux seuls de conserver ou de laisser perdre cette créance. (1)

Ainsi point de délais à opposer, pas même de prétextes à présenter contre les titulaires, et c'est encore ce qui a été formellement reconnu par la loi du 24 frimaire dernier, si à propos oubliée dans l'écrit.

Il renferme les objections les plus contradictoires; on y soutient que les lois n'obligent pas les bailleurs de fonds de recevoir leur remboursement en inscriptions, parce qu'elles donnent seulement la *faculté* au titulaire de faire ce remboursement. On a cité l'article 66 de celle de 1793, qui dit que les créanciers

---

(1) Loi du 7 pluviôse an 2 : « En exécution de l'article 12 de » la loi du 9 brumaire, les membres de toutes les anciennes com- » pagnies de finance, tels que Fermiers-Généraux, Administrateurs » des étapes, leurs Employés, *Cessionnaires*, *Bailleurs de fonds* » ou ayans-cause, remettront d'ici au 11 ventôse prochain, » 1er. mars 1794, tous les récépissés et cautionnemens originaux » qui leur appartiennent, sous *les peines de déchéance*, exprimées » par ladite loi, *lesquelles seront supportées par les détenteurs des-* » *dits titres.* »

Il est à observer que plusieurs Prêteurs, en exécutant ces lois, se sont qualifiés *Propriétaires.*

directs de la nation, *pourront*, au moyen d'un transfert, rembourser leurs créanciers personnels ayant
hypothèque ou privilége spécial sur lesdits objets;
comme si la *faculté* donnée au débiteur de se libérer, n'imposait pas au créancier l'obligation de recevoir ; comme si les mots : *pourront les débiteurs*, de
la loi de 1793, n'avaient pas le même sens que ceux-
ci : *seront tenus les préteurs et bailleurs de fonds*,
de la loi de 1791. On ne doit pas s'arrêter d'avantage sur de pareils argumens.

Celui qu'on a voulu tirer des lois sur les transactions ne vaut pas mieux sans doute ; il est bien
évident que ces lois n'ont aucun rapport aux cas
dont il s'agit ici, qui furent toujours avec raison,
soumis à une législation qui leur est propre ; les
discussions qui ont eu lieu dans les deux Conseils,
la loi du 24 frimaire dernier, postérieure à celles
que l'on invoque, répondent assez à cette fausse
application (1).

L'on dit encore que *la proposition d'admettre les
inscriptions en payement des dettes a été rejetée* ; oui
certainement, mais qu'en conclure ? Cette proposition, en règle générale, tendait à verser dans la cir-
culaiton un papier monnaie et à éteindre avec une
créance sur l'Etat une obligation absolument étran-

____

(1) Le rapporteur de la commission chargée par le conseil des
Anciens d'examiner la résolution convertie en loi le 24 frimaire
de l'an 6, a dit :

« Il est étonnant que cette disposition (celle de l'article 83)
» n'ait pas été étendue aux créanciers de la dette non-exigible,
» c'est-à-dire à tous les propriétaires de rentes perpétuelles et via-
» gères dont le titre originaire a été affecté d'une hypothèque pri-
» vilégiée ou spéciale.

» Du reste ces articles ne peuvent donner lieu à aucune objection
» raisonnable. »

gère. Y a-t-il donc quelque rapport entre les deux hypothèses ? Non sans doute ; aussi la proposition sur la première a été rejetée le 5 brumaire, et la seconde a été rendue le 24 frimaire suivant.

Enfin, il reste à répondre à une objection bien déchirante pour les familles des Fermiers-Généraux.

« L'époque des remboursemens, dit-on, étant passée » depuis près de six ans, les Fermiers-Généraux pré- » tendraient-ils avec des inscriptions se libérer au- » jourd'hui des fonds qu'ils ont reçu en or et argent, » et qu'ils s'étaient obligés de rendre en pareille » monnaie, et cumuler avec les capitaux, les rentes » et intérêts qu'ils ont refusé de payer aux échéances, » dans des tems où leurs créanciers auraient pu en » subsister, ou en tirer parti ; ne serait-on pas tenté » de croire qu'en calculateurs habiles, ils ont prévu » le tems où ils pourraient avec peu de chose acquit- » ter des dettes considérables.

On frissonne sans doute à la lecture de ce passage.

Et de quels événemens veut-on rendre ces infortunés responsables ?

Y eut-il jamais d'autre époque de remboursement que celle qui dépendit de la volonté du Gouvernement ?

Ce qui a été remboursé n'a-t-il pas été reçu par des porteurs de récépissés ?

Dépendait-il des titulaires de faire payer le reste, et d'empêcher que leurs propres fonds, comme ceux des prêteurs, fussent portés sur le grand livre de la dette publique ?

Calculateurs habiles ! quel horrible outrage ! quelle sanglante ironie ! Presque tous ont été victimes, trente-quatre périrent sur l'échafaud, et ne laissèrent pour héritage à leurs enfans que l'indigence et le désespoir.

(13)

La justice de la Convention nationale leur rendit
il est vrai les débris de leur fortune ; mais qu'il est
révoltant de les accuser d'avoir recouvré des richesses !
Ils ont recueilli des charges énormes, et ceux qu'on
veut frapper aujourd'hui ne pourraient payer en nu-
méraire avec ce qui leur reste, le dixième des fonds
d'avance que l'Etat n'a pas remboursés (1).

____

(1) Le passage cité est-il un odieux persifflage ? Est-il le fruit
de l'ignorance? Il est moins pénible de s'arrêter à cette dernière
pensée. Alors, nous allons instruire le défenseur officieux qui, sous
le nom d'une femme, méconnaissant les Législateurs auxquels il
s'adresse, ne craint pas de présenter encore des listes de proscription.

Qu'il apprenne donc que les Fermiers-Généraux du dernier bail,
ceux précisément dont il s'agit ici, retiraient de l'Etat, pour leurs
fonds d'avance, l'intérêt à cinq pour cent qu'ils payaient eux-
mêmes aux Prêteurs, et dont ils ne profitaient par conséquent pas.

Qu'il sache encore que leur droit de présence, les émolumens
d'un travail pénible et assidu, les bénéfices éventuels sur les baux,
en un mot, que tous les profits résultans d'une gestion importante,
difficile, et qui leur faisait courir annuellement les risques d'un
prix de bail stipulé, et du versement annuel, et par avance, d'une
somme de cent-vingt millions dans les coffres de l'Etat ; qu'il sache,
disons-nous, que ces gains, si exagérés par la calomnie qui fit périr
nos pères, si on les compare au montant des fonds d'avance, ne
s'élevaient pourtant qu'à *cinq pour cent* du capital de ces mêmes
fonds d'avance : remise au-dessous même de celles que l'usage alloue
dans toutes les circonstances.

Et pour que l'on ne nous accuse pas d'en imposer sur ce point,
nous invitons l'Auteur de l'écrit, qui n'a pas craint de porter ce
bénéfice à *cent pour cent*, de se convaincre de la fausseté de ses
assertions, et de l'exactitude de nos calculs, en vérifiant le régle-
ment de 1780 pour les compagnies de finance, le compte rendu
en 1781 par le Directeur-général du trésor public, les rapports du
comité des finances de l'Assemblée constituante, et les pièces
déposées dans les bureaux du comité des finances de la Convention, dans les dépôts de la comptabilité, et dans ceux du ministère
des finances.

Cependant il est notoire que ces malheureux ont fait les derniers efforts, qu'ils se soumettaient aux plus grands sacrifices pout déterminer quelques prêteurs à recevoir.

Ceux-ci se plaignent de n'avoir pas touché les intérêts? Et à qui adressent-ils ce reproche?

A quelle époque les Fermiers-Généraux ou leurs familles pouvaient-ils les faire payer?

Etait-ce lorsqu'on leur ravissait la fortune et la vie?

Etait-ce pendant le tems de la confiscation qui commença dès 1793, et n'a fini qu'au mois de Fructidor, an III (1).

Etait-ce postérieurement? Mais ces prêteurs eux-mêmes ne se sont-ils pas dérobés aux recherches des familles pour les engager à recevoir, et ne serait-ce pas eux qui, *calculateurs habiles*, changeant la nature de leurs contrats, voudraient aujourd'hui se faire d'autres créances, d'autres débiteurs, et après avoir refusé des assignats, *parce qu'ils n'étaient pas créanciers personnels des titulaires*, prétendent le devenir en ce moment, pour en recevoir des écus à la place des inscriptions qui leur appartiennent réellement.

Ils disent que ces *inscriptions sont peu de chose*.

Mais ne sont-elles pas pour eux ce qu'elles sont pour les titulaires, à qui la majeure partie des fonds appartenait? (2) Ne sont-elles pas la représen-

---

(1) Il est encore des familles qui n'ont pas obtenu la levée du séquestre.

(2) On sait qu'à mesure que les Fermiers-Généraux le pouvaient, ils retiraient les récépissés des mains des Prêteurs, pour devenir eux-mêmes Propriétaires de leurs fonds d'avance.

tation des fonds mêmes que les prêteurs ont versés au trésor public ? L'Etat ne les leur rend-il pas ? Ce remboursement ordonné par la loi, provoqué par les circonstances, amené par des causes générales, commun à tous les créanciers du trésor public, peut-il rester étranger à quelques-uns d'entre-eux ? Ne semblerait-il pas d'ailleurs que l'on a acheté à vil prix des inscriptions pour les donner aux prêteurs dont il s'agit ici ?

Mais il vaut mieux que trente familles de Fermiers-Généraux soient ruinées que vingt mille familles qui leur ont prêté.

Et l'on a osé adresser au Corps législatif un pareil langage, l'on a osé lui demander une loi particulière *contre trente familles !*

Si jamais la considération du nombre pouvait déterminer, lorsqu'il s'agit de la justice distributive, ne serait-il pas plus équitable de dire : la perte qui ruinerait trente familles, supportée par vingt mille, sera à peine sensible à chacune d'elles.

Mais laissons toutes ces exagérations.

Il reste à peine *dix* de ces malheureuses familles qui n'aient pas pu terminer encore avec quelques prêteurs ; ce sont des veuves, ce sont des pupilles dont les titres ont été long-tems égarés (1) ; dont presque toutes les ressources ont été détruites, qui privés de connaissances et de secours, ne pouvant découvrir les prêteurs, n'ont pu leur faire signifier des transferts dans le tems où les remboursemens en assignats avaient fait adopter à quelques-uns un

______

(1) Il en est qui les ont recouvré depuis deux décades seulement; d'autres dont toutes les recherches dans les dépôts du Domaine, ont été inutiles jusqu'à ce jour.

autre système ; n'est-il pas constant que ceux-ci ont eux-mêmes éludé l'exécution des lois par des oppositions mal fondées , par tous les moyens enfin qui pouvaient entraver la libération des familles.

Quelle injustice ! quelle inconséquence ! La conclusion de l'écrit laisse subsister la législation pour tous les titulaires de charges , d'offices , de cautionnemens , etc. , et l'on ne veut en excepter précisément que *huit* ou *dix* familles, celles qui par la nature de leurs engagemens sont le plus formellement dans l'hypothèse de ces lois, et qui par l'excès de leur infortune sont aussi les plus dignes des regards du Législateur.

Il se hâtera de proscrire des prétentions aussi injustes, de prévenir les tentatives de l'intérêt personnel, qui tendent sans cesse à le détourner de ses importans travaux, et d'imprimer le respect qui est dû aux lois, en assurant leur exécution.

Les fondés de pouvoirs des intéressés à la liquidation de la ci-devant Ferme générale,

VERDUN, GUIEU, PUISSANT.

De l'Imprimerie des Sciences et Arts, rue Thérèse, butte des Moulins, N°. 658.